EDYE · RECHTSGESTALTUNG

DR. JUR. HERBERT EDYE

Die Rechtsgestaltung in der Praxis des Warenhandels

Hamburg 1960

CRAM, DE GRUYTER & CO

Gesamtherstellung: Clausen & Bosse, Leck/Schleswig
Printed in Germany

Inhalt

Einleitung

Seit der Einführung des Bürgerlichen Gesetzbuches im Jahre 1900 gibt es keine Entscheidungen höherer Gerichte, welche dem Handel in den Stapelartikeln des internationalen Warenhandels wichtige und interessante Rechtsausführungen bieten könnten. So vollständig wurden in ununterbrochener Folge die Meinungsverschiedenheiten der Warenkaufleute durch ihre Schiedsgerichte aufgefangen. Für die erhebliche Bedeutung dieser Sachlage und die sich daraus ergebenden Folgen fehlt es bis heute an einer zusammenfassenden Untersuchung. Mit der nachstehenden Darstellung wird der Versuch unternommen, diese Lücke zu schließen.

Eine eingehendere Beschäftigung mit den Geschäftsbedingungen der Warenverbände und ihrer Standardkontrakte läßt deutlich eine selbständige Empirie der Rechtsgestaltung erkennen, für die nur noch eine systematische Ordnung gefunden werden muß. Hierbei wird sich zeigen, daß diese Rechtsgestaltung einen umfassenderen Stand erreichte, als die Kaufleute selbst bemerkt haben dürften.

Es erscheint zweckmäßig, darüber hinaus Einzelfragen zu behandeln, welche mit den Grundproblemen in einem engeren Zusammenhang stehen und erfahrungsgemäß den Kaufleuten bei ihrer Urteilsfindung in den Schiedsgerichten Schwierigkeiten bereiten. Häufig genug liegt es so, daß ihre Erörterung in der Sprache der Kaufleute zu einer Klärung der Begriffe beitragen kann, ohne die nun einmal bei der Urteilsfindung nicht auszukommen ist.

Die Gesamtlösung der Warenkaufleute für das Recht vom Kauf ist klar und übersichtlich. Dies zeigt sich mit besonderer Deutlichkeit bei der Mängelhaftung, diesem Stiefkind der bisherigen Rechtsauslegung. Die Grundlagen des BGB bleiben aber auch hier unangetastet.

Die Bedürfnisse des Handels sind in Hamburg oder am Niederrhein die gleichen wie in London oder Liverpool und damit auch die Anforderungen an das Recht. Es liegt darum nahe, die englische Rechtsgestaltung in den Kreis der Betrachtung einzubeziehen. Sie unterstreicht den so fruchtbaren Gedanken von der Bedeutung des Vertragswillens der Parteien für die rechtliche Ausgangsstellung.

In diesem Leitfaden für die Warenkaufleute und ihre Schiedsgerichte werden die Artikel zusammengefaßt und auf den letzten Stand der Erkenntnisse des Verfassers gebracht, welche von ihm in den «Mitteilungen der Handelskammer Hamburg» veröffentlicht wurden.

Erster Teil

DIE SICHT DES KAUFMANNES

Die zugesicherten Eigenschaften

Dem Schema des BGB: Wandelung oder Minderung, wenn die Ware einen Mangel aufweist, Schadensersatz wegen Nichterfüllung beim Fehlen von zugesicherten Eigenschaften oder wenn der Verkäufer den Fehler arglistig verschwiegen hat, fehlen die feineren Unterscheidungen, welche für den Warenkaufmann unentbehrlich sind. Die ersten Selbsthilfemaßnahmen setzen sehr früh ein.

Im Jahre 1904 veröffentlichte die Handelskammer Hamburg die «Platzusancen für den hamburgischen Warenhandel», welche zur «allgemeinen usancemäßigen Beobachtung empfohlen» wurden. § 7 dieser Platzusancen bestimmt bei einem Kauf nach Probe oder nach Qualitätsbezeichnung einer marktgängigen Ware, daß beim Mangel einer zugesicherten Eigenschaft dem Käufer der Anspruch auf Schadensersatz wegen Nichterfüllung nicht zusteht. § 494 BGB wird ausdrücklich herangezogen, welcher besagt, daß bei einem Kauf nach Probe oder nach Muster die Eigenschaften der Probe oder des Musters als zugesichert anzusehen sind. Also selbst in diesen Fällen soll nach dem Vorschlage der Handelskammer ganz generell nur der Anspruch des Käufers auf Wandelung oder Minderung, jedoch nicht auf Schadensersatz wegen Nichterfüllung gegeben sein.

Die Kaufleute wußten, daß es unmöglich der Billigkeit entsprechen kann, wenn bei dem Fehlen einer jeden zugesicherten Eigenschaft der Anspruch auf Schadensersatz wegen Nichterfüllung gegeben sein soll. So entschloß man sich in der ersten Schrecksekunde zu diesem Vorschlag, der diesen Anspruch völlig ausschließen sollte.

Unter mehr oder minder deutlicher Bezugnahme auf den Vorschlag der Handelskammer wurde diese Regelung von einer Reihe von maßgeblichen Warenverbänden übernommen. Der Warenverein der Hamburger Börse hatte schon vorher diese Regelung getroffen. Alle diese Geschäftsbedingungen gehen gegenüber dem Vorschlag der Handelskammer einen Schritt weiter, indem sie den Ausschluß von Schadensersatz wegen Nichterfüllung ausdrücklich auf Qualitätsmängel einengen, was nach dem Wortlaut der Platzusancen immerhin zweifelhaft sein konnte. Mit der radikalen Abwehr durch den Ausschluß dieser Rechtsfolge fiel die Tür ins Schloß und es ist nicht mehr zu einer kritischen Würdigung der Ausgangsstellung gekommen. Für einige Sonderfälle (Ernte, Herkunft und Verpackung) behalf man sich mit der ausdrücklichen Zulassung des Anspruches auf Schadensersatz.

Die Unterteilung der zugesicherten Eigenschaften in «Zusage» und «Garantie» nach dem Vorbild des Römischen Rechts, welches zwischen dictum und promissum unterschied, hat in der Kommission zum Entwurf des BGB zu lebhaften Auseinandersetzungen geführt (vergl. hierzu die ausführliche Darstellung von Haymann in RG.-Festschrift III). Haymann bezeichnet es als ein Ruhmesblatt unseres damaligen höchsten Gerichtshofes, daß er «über den in den Protokollen klar niedergelegten Willen der Mehrheit der Gesetzgebungskommission hinwegschritt und von vornherein den Schadensersatzanspruch aus § 463 nur im Falle eines unzweideutigen Garantieversprechens gewährt». Die Erfahrung der Warenkaufleute bestätigt, daß die damit gebilligte Unterteilung in Zusage und Garantie schlechthin unentbehrlich ist.

Die Zusage umfaßt Eigenschaften minderer Bedeutung für den Käufer, und ihr Fehlen berechtigt nur zu dem Anspruch auf Wandelung oder Minderung. Der Anspruch auf Schadensersatz wegen Nichterfüllung im Falle einer Garantie kann nicht durch eine Generalklausel von Geschäftsbedingungen abgewehrt werden. Der Käufer, der sich demgegenüber auf einen Verstoß gegen Treu und Glauben beruft, nimmt das bessere Recht für sich in Anspruch. Das gilt nicht nur für die bereits casuistisch erfaßten Fälle von Herkunft, Ernte und Verpackung, sondern ganz allgemein für alle Fälle einer Garantie. Hier würde die Generalklausel über das Ziel hinausschießen und die gegenteilige Auffassung sich dem Vorwurf der einseitigen Vertretung eines Händlerstandpunktes aussetzen. Ob im Einzelfall eine Zusage oder eine Garantie gemeint ist, entscheidet nicht die Terminologie, sondern der Vertragswille der Parteien. Bei der Auslegung sind die Bedürfnisse und Gepflogenheiten der einzelnen Warenbranchen zu berücksichtigen, die voneinander abweichen können. Als Beispiel gibt es Branchen, für die eine Maximalgarantie bezüglich einer Komponente der Ware als eine echte Garantie zu verstehen ist, während in anderen Branchen die gleiche «Garantie» nur als eine Zusage gewertet werden kann. In jedem Falle dürfte der Begriff der Garantie in Übereinstimmung mit der oben wiedergegebenen Auffassung des Reichsgerichts in engem Sinne auszulegen sein.

Die grundsätzliche Erkenntnis, daß es sich bei der Unterteilung der zugesicherten Eigenschaften um zwei selbständige Begriffe handelt, wird sich bei der weiteren Verfeinerung der Geschäftsbedingungen und der Standardkontrakte als nützlich erweisen.

Die Abgrenzung zwischen Zusage und Garantie ist wie alle Abgrenzungen, von denen noch zu sprechen sein wird, ein schwerwiegendes Problem. Die Fragestellung läuft in der Zielsetzung darauf hinaus: wann soll nur Minderung, wann Wandelung oder Minderung, wann anstatt dessen auch Schadensersatz wegen Nichterfüllung verlangt werden können. In der Praxis besteht eine brauchbare Methode darin, für jede dieser Möglichkeiten einen Katalog der ihr zugeordneten Tatbestände aufzustellen. Aber auch auf diesem Wege kann immer nur Verkehrssicherheit im Rahmen des Möglichen geschaffen werden. Die Wirklichkeit ist einfallsreicher als jede Theorie. Für die Urteilsfindung des angerufenen Schiedsgerichts wird die Unterteilung der zugesicherten Eigenschaften in Zusage und Garantie eine willkommene Stütze bieten. Die nicht minder wichtige Unterscheidung zwischen erfülltem und nichterfülltem Kontrakt wird weiter unten ausführlich behandelt werden. Sie wird hier bereits erwähnt, weil sie in den Geschäftsbedingungen eines Warenvereins in diesem Zusammenhang eine Rolle spielt.

Condition und warranty im englischen Recht

Es ist hier der Platz, auf die vergleichsweise ähnliche Regelung im englischen Recht vom Kauf mit seiner Unterscheidung zwischen condition und warranty einzugehen mit einem Zitat aus einer eingesehenen Rechtsquelle: «Die condition rührt an die Wurzel des Vertrages, die warranty ist nicht so wesentlich und nur eine Nebenabrede. Der Bruch der condition ergibt grundsätzlich das Recht, den Kontrakt zu verwerfen, Bruch der warranty ergibt für die geschädigte Partei nicht die Möglichkeit, den Kontrakt als aufgehoben zu behandeln, sondern nur den Anspruch auf Schadensersatz.» Section 11 des The Sale of Goods Act stellt es dem Käufer frei, den Bruch einer condition wie den Bruch einer warranty zu behandeln. Diese Freizügigkeit ist typisch für das englische Rechtsdenken vom Kauf.

Das Reichsgericht schreibt dazu: «– – und jedenfalls gelten vertragsmäßig vorausgesetzte Eigenschaften nicht schon als zugesicherte, da das Gesetz zwischen beiden unterscheidet.» (RGZ 161, 330) Das ist für den ersten Blick eine überraschende Behauptung. § 459, 1 BGB spricht von dem nach dem Vertrage vorausgesetzten Gebrauch und im zweiten Absatz des gleichen Paragraphen von den zugesicherten Eigenschaften. Von den vertragsmäßig vorausgesetzten Eigenschaften steht im Gesetzestext nicht ein Wort.

Nun sagt die Rechtsauslegung, daß der nach dem Vertrage vorausgesetzte Gebrauch Eigenschaften der Sache voraussetzt, welche diesen Gebrauch ermöglichen, und das seien eben die vertragsmäßig vorausgesetzten Eigenschaften. Es mag sein, daß dies im Ergebnis für den Geltungsbereich des § 459 auf das hinausläuft, was das Reichsgericht schreibt. Gleichwohl ist es irreführend. Es wird der Anschein erweckt, als ob von vertragsmäßig vorausgesetzten Eigenschaften nur in der Ausrichtung auf den Gebrauch gesprochen werden kann. Das ist nicht richtig. In der praktischen Lebenserfahrung der Warenkaufleute sind die vertragsmäßig vorausgesetzten Eigenschaften das tägliche Brot. Die Beantwortung der Frage, was von ihnen darunter verstanden wird, ergibt sich aus folgender Überlegung.

Der internationale Warenhandel in Stapelartikeln steckte um 1900 noch in den Kinderschuhen und hat sich seither zu dem völlig überragenden Tatbestand des Verkehrs entwickelt. Das forderte neue Methoden der qualitativen Sicherung für beide Vertragsseiten. Im HGB steht, daß bei Gattungswaren Handelsgut mittlerer Art und Güte zu leisten ist. Was unter mittlerer Art und Güte zu verstehen ist, soll die Verkehrssitte bestimmen. Nichts lag näher als diese Anforderungen näher zu umschreiben. Dies ist der weite Bereich der Standardkontrakte der Warenverbände. In der dem Verfasser geläufigen Sparte der Pflanzenöle reicht dies von den Angaben über den Gehalt an Wasser und Schmutz und freier Fettsäure bis zu den British Standard Specifications für Leinöl.

Das sind keine zugesicherten Eigenschaften im Rechtssinne, sondern vertragsmäßig vorausgesetzte Eigenschaften, denen die Ware genügen muß, um als Handelsgut mittlerer Art und Güte zu gelten. Für die Abgrenzung gegenüber den zugesicherten Eigenschaften lassen sich feste Regeln nicht aufstellen. Es ist damit zu rechnen, daß gegebenenfalls das Schiedsgericht aus seiner Handelserfahrung dafür das Fingerspitzengefühl besitzt.

Gattungskauf und Spezieskauf als selbständige Tatbestände des Verkehrs

Beim Gattungskauf und beim Spezieskauf handelt es sich um zwei selbständige Tatbestände des Verkehrs, welche auch rechtlich auseinandergehalten werden müssen.

Die Warenkaufleute denken und handeln in Gattungskäufen. Der Spezieskauf spielt im Warenhandel eine untergeordnete Rolle. Die Entscheidung darüber, ob es sich im Einzelfall um einen Gattungskauf oder einen Spezieskauf handelt, ergibt sich aus der Ermittlung des Vertragswillens der Parteien und nicht aus den mehr oder minder zufälligen Merkmalen des Tatbestandes.

Das Kennzeichen des echten Spezieskaufes besteht darin, daß sich das subjektive Interesse des Käufers auf eben diese Partie beschränkt. Das Kennzeichen des Gattungskaufes ist dagegen, daß das subjektive Interesse des Käufers an einer ganz bestimmten Partie aus der Gattung nicht besteht. Zwei Beispiele aus der Praxis sollen dies verdeutlichen.

In dem ersten Beispiel bestellt der Fabrikant bei einem Einfuhrhändler 5 tons portugiesisches Balsamharz «AA» zur prompten Lieferung ab Lager. Es ist ihm völlig gleichgültig, ob diese 5 tons aus einer eintreffenden Partie, aus einem größeren Lagerbestand oder mit der zufälligen Restmenge dieses Lagers von 5 tons beliefert werden. Der Vertragswille der Parteien bei Kaufabschluß ist ersichtlich auf eine Lieferung aus der potentiellen Gattung gerichtet.

Das zweite Beispiel geht einen Schritt weiter. Ein Händler kauft 250 tons Leinöl BSS-Qualität, schwimmend in dem einzigen deeptank des M. S. «Andromeda» mit diesem Fassungsvermögen. Die äußeren Tatbestandsmerkmale erfüllen damit die Kennzeichen eines Spezieskaufes. Es kann kein Zweifel darüber bestehen, daß sich das subjektive Interesse des Käufers auf eben diese Partie beschränkt. Aber steht damit auch der Vertragswille eines Spezieskaufes außer Frage? Im Regelfall kauft er diese Partie, weil ihm der Preis oder die Position innerhalb seines Engagements zusagt. Dann unterscheidet sich dieser Fall von dem ersten Beispiel nur dadurch, daß hier die Konzentration (Aussonderung, Konkretisierung aus der Gattung) bereits bei Kaufabschluß vollzogen war, und es ändert sich nichts daran, daß der Vertragswille auf eine Lieferung aus der potentiellen Gattung gerichtet war. Im Ausnahmefall kann es so liegen, daß der Käufer sich aus Qualitätsgründen auf diese Partie kapriziert. Auch dann kann es sich immer noch um einen beschränkten Gattungskauf handeln. Ob in der Tat der Vertragswille auf einen echten Spezieskauf gerichtet war, ist aus den Gepflogenheiten im Umgang mit dieser Ware zu ermitteln.

Die Konzentration (Aussonderung)

Bevor wir uns mit den unterschiedlichen Rechtsfolgen bezüglich der Mängelhaftung beim Gattungskauf und beim Spezieskauf beschäftigen, bedarf der eben gebrauchte Begriff der Konzentration einer Klärung. Hierzu bietet uns bereits die erste Auflage des Rätekommentars zum BGB eine sehr anschauliche Darstellung (§ 243, 4):

«In einem bestimmten Zeitpunkt muß sich die Gattungsschuld in eine Speziesschuld umwandeln, soll überhaupt jemals abgemachte Sache vorliegen. Denn schließlich kann es immer nur eine bestimmte Sache sein, mit welcher die Schuld erfüllt wird, und von einem gewissen Zeitpunkt ab müssen Gläubiger wie Schuldner die Leistung als endgültig bewirkt ansehen. Fraglich kann nur sein, welcher Zeitpunkt hier der maßgebende sein soll. Schon der, in welchem der Schuldner die Sache ausgewählt und ausgeschieden hat? Oder der spätere, in dem er die bezeichnete Leistung auch bereits angeboten hat? Mit gutem Grunde hat sich das Gesetz grundsätzlich für den letzteren Gesichtspunkt entschieden. – Die Rechtsfolgen der Beschränkung des Schuldverhältnisses sind im einzelnen die, daß die Gefahr gemäß § 275 auf den Gläubiger übergeht, und daß andererseits der Schuldner grundsätzlich gebunden ist, eben die Sache zu leisten, die er angeboten oder zur Versendung abgeliefert hat.»

Die Konzentration ist also ein tatsächlicher Vorgang, der erfolgt und erfolgen muß, damit «eine abgemachte Sache vorliegt». Ihre Rechtsfolgen bestehen darin, daß

a) die Gefahr auf den Käufer übergeht, als Beispiel beim Abladegeschäft mit der Absendung der Verschiffungsanzeige;
b) der Verkäufer gebunden ist, eben diese Sache zu leisten.

Damit ist § 243 BGB für die Räte ausgeschöpft.

Die Mängelhaftung beim Gattungskauf

Die Regelung, welche die Warenkaufleute für die Mängelhaftung bei Gattungswaren gefunden haben, beruht auf den folgenden Erwägungen.

Wichtigstes Erfordernis für den Warenhandel ist die Verkehrssicherheit. Der Warenkaufmann verkauft seine Ware an einen anderen Händler oder an einen Fabrikanten. Bei dem eigenen Einkauf der Ware weiß er häufig genug selbst noch nicht, ob er sie später einmal einem anderen Händler oder einem Fabrikanten andienen wird. Ein und dieselbe Ware kann in verschiedenen Industrien Verwendung finden. Die Anforderungen der Industrien an den «Gebrauch» sind möglicherweise unterschiedlich. Eine klare Abgrenzung zwischen dem Lieferanten- und dem Fabrikantenrisiko ist nur dann gewährleistet, wenn die Voraussetzungen für die Mängelhaftung bei der Ware selbst liegen. Die Sicherstellung des Gebrauchs – das Fabrikantenrisiko – gehört in den Bereich der zugesicherten Eigenschaften. Die Vertragsparteien eines Gattungskaufes machen mittlere Art und Güte dieser Gattung zu der Bewertungsgrundlage für ihre Qualitätsansprüche an die tatsächlich gelieferte Ware.

§ 480 BGB regelt die Mängelhaftung bei Gattungswaren erschöpfend. Mangelhaft ist eine Ware, welche nicht den Anforderungen entspricht, welche an die mittlere Art und Güte dieser Gattung zu stellen sind.

Good merchantable quality und fair average quality im englischen Recht

Hier interessiert wieder die Regelung im englischen Recht.

Die englischen Standardkontrakte verwenden zwei Qualitätsbezeichnungen: good merchantable quality (gmq) und fair average quality (faq), welche bereits in Kontrakte zwischen deutschen Handelsfirmen Eingang gefunden haben. So ist es zum Beispiel allgemein üblich, chinesisches Holzöl mit der Qualitätsbezeichnung «faq» zu handeln.

Das maßgebliche Gesetz, The Sale of Goods Act von 1893, ist für die Zwecke dieses Artikels weniger ergiebig als dies unseren Erwartungen entspricht. Wir können ihm nur, wenn auch wichtige Hinweise darauf, entnehmen, was unter der Qualitätsbezeichnung «gmq» zu verstehen ist. Der Begriff «merchantable quality» wird wie folgt definiert: «Güter sind von einer handelsfähigen Qualität, wenn sie vernünftigerweise verkäuflich sind, d. h., wenn ein vernünftiger Mann, nach voller Prüfung, sie in der Vollziehung seines Kaufes annehmen würde.» Es bedarf keiner Worte, daß diese Definition sich nicht nur auf die Stapelartikel des internationalen Warenhandels bezieht.

Ob und inwiefern die Hinzufügung des Wortes «good» die eben gebrachte Definition ergänzt, ist dem Act nicht zu entnehmen. Dies gehört bereits in den Bereich der Jurisdiction der Arbitrage. Nach der vorliegenden Korrespondenz mit angesehenen Londoner Arbitern dürfte aber der Akzent auf dem Begriff «merchantable quality» liegen. Die wichtige Frage, ob der Begriff «merchantable quality» die Verwendungsfähigkeit für einen bestimmten Zweck beinhaltet, wird durch eine nach englischem Brauch maßgebliche richterliche Entscheidung verneint, welche der Verfasser der freundlichen Mitteilung eines der Londoner Korrespondenten verdankt.

Lord Wright erkannte 1929 in dem Prozeß Canada Atlantic Grain Co. gegen Eiler wie folgt:

«– – Wenn die Güter unter einer Bezeichnung verkauft werden, welche sie erfüllen, und wenn Güter dieser Beschreibung vernünftigerweise in dem gewöhnlichen Gebrauch für verschiedene Zwecke geeignet sind, dann sind sie merchantable quality im Sinne von Section 14 des The Sale of Goods Act, falls sie vernünftigerweise für einen oder mehrere dieser Zwecke geeignet sind, selbst dann, wenn sie für den Zweck ungeeignet sind, welchen der Käufer im Sinne hatte.»

Die Qualitätsbezeichnung «faq» ist eine Schöpfung des Warenhandels in Stapelartikeln. Sie wird in dem The Sale of Goods Act nicht behandelt. Sie wird in den zu diesem Act eingesehenen Rechtsquellen nicht einmal am Rande erwähnt. Das kann kein Zufall sein. Der tiefere Grund muß in ihrer rechtlichen Natur zu suchen sein. Wir kommen darauf weiter unten zurück.

«Faq» bezeichnet eine Qualität, welche dem Mittel der Abladungen oder Lieferungen der gleichen Ware entspricht. Sie ist allgemein geläufig im Getreidehandel, dem Handel mit Ölsaaten, mit Ölen und Fetten und im Futtermittelhandel. Sie wird in einigen Standardkontrakten ergänzt durch die Klausel fair average quality of the season at time and place of shipment. In einigen Sparten werden Durchschnittsmuster aus den gesunden Abladungen eines Monats als Standardmuster aufgemacht, und zwar von den Schiedsgerichtsinstitutionen der Empfangsländer auf Grund der in den Ankunftshäfen gezogenen Proben. Diese Standardmuster sind für den Vergleich mit der strittigen Partie bestimmt. Voraussetzung für die Vereinbarung dieser Qualitätsbezeichnung «faq» ist also die ausreichende Möglichkeit eines Vergleichs mit anderen Abladungen oder Lieferungen der gleichen Ware. «Faq» ist darum nicht etwa eine Qualitätsbewertung an sich. Andererseits ist es möglich, daß von derselben Ware durch zusätzliche Beschreibung mehrere Sorten gebildet werden, welche jede für sich als «faq» gehandelt werden, bei denen also das Mittel für jede Sorte selbständig festgestellt werden muß und nicht etwa der verschiedenen Sorten durcheinander. Der Vorkriegshandel in japanischem Sardinentran war dafür ein Beispiel. Es gab zwei Sorten, welche sich durch den Gehalt an freier Fettsäure und die Farbe unterschieden. Jede dieser beiden Sorten wurde mit der Qualitätsbezeichnung «faq» gehandelt.

Meinungsverschiedenheiten bei der Einigung der Parteien auf die Qualitätsbezeichnung «faq» werden durch die Arbitrage entschieden. Die strittige Partie entspricht entweder dem Mittel der Abladungen oder Lieferungen der gleichen Ware bzw. dem Standardmuster oder sie entspricht dem nicht. In jedem Falle ist klar, daß es sich hierbei um eine Entscheidung über eine Tatfrage und nicht über eine Rechtsfrage handelt. Die unterliegende Partei kann das Oberschiedsgericht anrufen, es wäre aber offenbar sinnlos «to state a case», um ein gerichtliches Nachspiel herbeizuführen, da es keine Rechtsfrage gibt, mit der sich das englische ordentliche Gericht beschäftigen könnte, wie in dem Lord Wright vorliegenden Tatbestand, welche zu seiner Auslegung des Begriffs merchantable quality im Sinne des The Sale of Goods Act führte. Das wäre eine einleuchtende Erklärung dafür, daß die Rechtsquellen sich mit dieser Qualitätsbezeichnung überhaupt nicht beschäftigen. Ihre Anwendung ist über die Jurisdiction der Arbitrage nicht hinausgedrungen.

Dies erklärt zugleich ihre Beliebtheit beim Handel. Sie führt zu einer schnellen und endgültigen Entscheidung. Im deutschen Recht gibt es für diese Qualitätsbezeichnung mit diesen Rechtsfolgen keine Parallele.

Es klingt überraschend und dürfte gleichwohl zutreffen, daß diese Zusammenhänge von einem deutschen Betrachter genauer erfaßt werden können als von einem englischen Betrachter. Der deutsche Betrachter hat den Wunsch, erst einmal nach einer Systematik des Rechts zu suchen. Der englische Betrachter sieht nur den Einzelfall.

Mehr zu sagen, dürfte für den Verfasser, der über selbständige Kenntnis des englischen Rechts nicht verfügt, nicht möglich sein. Die von ihm benutzten Rechtsquellen sind:

Chalmers, Sales of Goods Act, 13. Auflage 1957,
Schmitthoff, The Sale of Goods, 1951,
Atiyah, The Sale of Goods, 1957.

Für den deutschen interessierten Leser ist das letztgenannte Buch besonders geeignet; es ist in der Form eines Lehrbuches gehalten.

Der Handel in Chinesischem Holzöl unter deutschen Händlern mit der Qualitätsbezeichnung «faq» und der Vereinbarung einer deutschen Arbitrage wirft die bedeutsame Frage auf, wie sich gegebenenfalls das Schiedsgericht zu der Auslegung dieser Qualitätsbezeichnung stellen könnte. Es wäre die Meinung vertretbar zu sagen: «faq» ist kein Begriff des deutschen Handelsrechts; die Einigung der Parteien auf diesen Begriff ist dahin auszulegen, daß die Parteien damit das gemeint haben, was nach deutschem Handelsrecht als Handelsgut mittlerer Art und Güte bezeichnet wird. Dies ist die Praxis der Schiedsgerichte des Warenvereins der Hamburger Börse. Es wäre aber auch vertretbar zu sagen: wenn deutsche Warenkaufleute in jahrelanger Übung sich auf diese dem englischen Handelsbrauch entnommene Qualitätsbezeichnung einigen, so meinen sie damit genau das, was in England darunter verstanden wird.

Hier steckt ein sehr interessantes Problem, und es wird sich verlohnen, bei der weiteren Verfeinerung der Geschäftsbedingungen und Standardkontrakte darüber nachzudenken. Die Routine ist kein Ersatz für die eigene Gedankenarbeit.

Die Mängelhaftung beim Spezieskauf

Es wurde bereits erwähnt, daß der echte Spezieskauf für den Warenkaufmann eine untergeordnete Rolle spielt. Seine Behandlung ist aber schon deshalb wünschenswert, weil sie die Möglichkeit bietet, die unterschiedlichen Spielregeln beim Spezieskauf und beim Gattungskauf in ihren praktischen Auswirkungen darzulegen.

Vertragsmäßig vorausgesetzte Eigenschaften, welche beim Gattungskauf eine so große Rolle spielen, gibt es beim Spezieskauf nicht. An ihre Stelle tritt der nach dem Vertrage vorausgesetzte Gebrauch. Es ist klar, daß der Käufer, der nur diese und keine andere Partie erwerben will, damit einen bestimmten Gebrauchszweck verbindet. In der Praxis wird es aber kaum jemals zu einer Haftung des Verkäufers aus diesem Grunde kommen. Wurden die Verhandlungen mit der Übersendung eines «Musters aus der Partie» eingeleitet, so steht damit zweifelsfrei nur diese Partie zur Diskussion, allein im vorneherein unter Ausschluß der Haftung für den «Gebrauch», weil die Mustersendung ja gerade den Zweck verfolgte, daß der Interessent die Verwendbarkeit der Ware für seine Zwecke an Hand des Musters prüft. An die Stelle dieser Haftung tritt die Haftung für den mustergetreuen Ausfall im Stück. Es ist ja möglich, daß der Interessent gar nicht bereit wäre, den «Gebrauch» zu nennen und es übel vermerken könnte, wenn er danach gefragt wird.

Der Routine folgend liegt es meistens so, daß in dem Verkaufskontrakt die Qualitätsumschreibungen wie bei einem Gattungskauf aufgezählt werden. Da es den Begriff «mittlere Art und Güte» beim Spezieskauf nicht gibt, können diese Qualitätsumschreibungen auch keine Erläuterung dieses Begriffs sein. Es ist nicht gerade wahrscheinlich, daß diese Zusicherungen neben der Haftung für mustergetreue Lieferung eine Rolle spielen. Sollte dies aber der Fall sein, müssen wir uns darüber klar sein, daß es sich hier um zugesicherte Eigenschaften im Rechtssinne handelt, deren Haftungsfolgen nach der Unterteilung in Zusage und Garantie zu beurteilen sind.

Die Freizügigkeit der Geschäftsbedingungen beim Spezieskauf ist geringer als bei einem Gattungskauf, weil wir uns immer wieder vor Augen halten müssen, daß dem Käufer nur mit dieser Partie gedient ist. Hieraus ergibt sich, daß der Käufer nicht gezwungen werden kann, die Partie – und sei es auch mit einem Preisnachlaß – zu behalten. Die Zurückweisung muß, sofern der Mangel erwiesen ist, in seinem freien Ermessen liegen; der Verkäufer kann die Preisgabe der Gründe, bei denen es sich vielleicht um ein Fabrikationsgeheimnis handelt, nicht verlangen. Die eben angestellte Überlegung ergibt im Spiegelbild, daß der generelle Ausschluß der Haftung für den Verwendungszweck zulässig sein muß, weil der Verkäufer nicht weiß, wofür die Ware möglicherweise gebraucht werden soll, und auch nicht befugt ist, danach zu fragen.

Die Aliudlieferung

Das Schreckgespenst aller Kaufleute und Schiedsgerichte ist § 378 HBG, die Aliudlieferung. Es ist wünschenswert, dieses Thema erschöpfend zu behandeln, um Mißverständnisse aufzuhellen und Halbwahrheiten auf ihren wahren Wert zurückzuführen.

In diesem Zeitalter der Schlagworte ist das Wort «Aliud» seit langem zu einem Schlagwort erstarrt mit allen Vor- und Nachteilen eines solchen, wobei die Nachteile durchaus überwiegen. Das Schlagwort bringt die Gefahr mit sich, daß die Gesprächspartner glauben, sich über dasselbe zu unterhalten, weil sie dieselbe Vokabel «Aliud» gebrauchen und dabei übersehen, daß sie mit dieser Vokabel nicht den gleichen Begriffsinhalt verbinden. Im Einzelfall kann auch das Schlagwort zu einem Denkersatz entarten.

Man kann nicht sagen, daß diese Gefahren durch den Gesetzgeber gemindert werden. § 378 HGB faßt in einem Satz zwei Tatbestände zusammen, welche auch nach der Meinung des Gesetzgebers auseinandergehalten werden müssen. Er lautet:

> «Die Vorschriften des § 377 finden auch dann Anwendung, wenn eine andere als die bedungene Ware oder eine andere als die bedungene Menge von Waren geliefert ist, sofern die gelieferte Ware nicht offensichtlich von der Bestellung so erheblich abweicht, daß der Verkäufer die Genehmigung des Käufers als ausgeschlossen betrachten mußte.»

Die beiden Satzhälften haben gemeinsam, daß es sich um die Lieferung einer anderen als der bedungenen Ware/Menge von Waren handeln muß. Sie unterscheiden sich dadurch, daß im Falle der ersten Satzhälfte die Vorschriften des § 377 Anwendung finden, d. h. unverzüglich untersucht und gerügt werden muß, im

Falle der zweiten Satzhälfte dagegen nicht. Das ändert aber nichts daran, daß es sich in beiden Fällen um eine Aliudlieferung handelt, was bereits zuweilen von Kaufleuten nicht bedacht wird, weil die Rechtsfolgen für ihre Vorstellung mit der Rügepflicht gekoppelt sind und daher nur die zweite Satzhälfte interessant scheint, weil in diesem Falle nicht unverzüglich gerügt zu werden braucht. Um nachstehend nicht immer wieder von Aliudlieferung im Sinne von § 378 erste Satzhälfte und von Aliudlieferung im Sinne von § 378 zweite Satzhälfte sprechen zu müssen, wird als «Sprachregelung» das erstere als «Fehllieferung» bezeichnet werden, und das zweite als «Falschlieferung». Die Aliudlieferung als Oberbegriff umfaßt also die beiden Möglichkeiten «Fehllieferung» und «Falschlieferung».

Die Schwerfälligkeit der eben gebrachten Darstellung ist eine Folge der wenig glücklichen Formulierung des Gesetzgebers. Sie ließ sich nicht vermeiden, weil erst einmal der Gesetzestext in seine Bestandteile zerlegt werden muß, um das Unterscheidungsvermögen des Lesers zu schärfen, wozu die «Sprachregelung» das ihrige beitragen wird. Die Übersetzung dieser beiden Möglichkeiten in die Sprache des Kaufmannes ist nicht einfach, sie muß aber versucht werden.

Zunächst haben wir es ersichtlich mit zwei Sorten von «Aliud» zu tun, nämlich erstens das Aliud, welches eine Fehllieferung auslöst, und zweitens das Aliud, welches eine Falschlieferung auslöst. Beide Sorten sind aber wesensgleich, denn in dem einen wie in dem anderen Falle bestehen sie aus der Lieferung «einer anderen als der bedungenen Ware». Gleichwohl sollen sie sich so deutlich voneinander unterscheiden, daß bei der Fehllieferung die unverzügliche Rüge gefordert wird wie bei einem Qualitätsmangel, während bei der Falschlieferung dieses Erfordernis wegfällt. Das sieht für den ersten Blick aus wie ein Widerspruch.

Die Lösung besteht darin, daß es der Gesetzgeber klüglicherweise unterlassen hat, weitere Begriffsmerkmale hinzuzufügen und sich darauf beschränkt, den Unterschied durch die Rechtsfolgen zu unterstreichen. Er hatte erkannt, daß jede weitere Begriffsbestimmung bei der Vielfalt der praktischen Möglichkeiten die Gefahr mit sich bringen würde, die Fragestellung zu komplizieren anstatt sie zu vereinfachen. Er überläßt es der Lebenserfahrung der Kaufleute, die hier erforderlichen Abgrenzungen zu entwickeln. Das ist in der Tat die einzige Möglichkeit, diesem Problem zu begegnen. Das Wort hat also nunmehr der Kaufmann und nicht der Jurist.

Vergegenwärtigen wir uns zunächst die Grundlagen, von denen wir auszugehen haben. In einer Art Stufenfolge sieht das Gesetz folgende Möglichkeiten vor:

a) Qualitätsmangel
b) Fehllieferung
c) Falschlieferung.

Das ergibt eine sehr brauchbare Ausgangsstellung. Jeder Kaufmann weiß, daß es so etwas wie diese drei Möglichkeiten geben muß. An dieser Stelle wollen wir uns damit begnügen, das Gedankengerüst dieser Stufenfolge aufgestellt zu haben. Es wird das Verständnis der weiteren Ausführungen erleichtern, in denen wir die so schwierige Frage der Abgrenzung zwischen diesen Möglichkeiten eingehender behandeln werden. Zunächst beschäftigen wir uns ausschließlich mit der Fehllieferung.

Der Wunsch, diesen Begriff «der anderen Ware» für den Kaufmann griffbereiter zu machen, hat in der Praxis zu einer Auslegung geführt, welche in den Geschäftsbedingungen des Warenvereins der Hamburger Börse Aufnahme gefunden hat, und schon aus diesem Grunde einer eingehenderen Würdigung bedarf.

Haage («Das Abladegeschäft», 4. Auflage, Seite 118) schreibt, daß die Ware als ein «Aliud» anzusehen ist, «wenn sie nicht mehr unter den Gattungsbegriff fällt». Die Bedingungen des Warenvereins sagen das gleiche in § 3 Ziff. 5 mit der Vorschrift, daß die Bestimmungen der Absätze 2 bis 4 bezüglich der unverzüglichen Untersuchungs- und Rügepflicht auch dann gelten, «wenn die Beanstandung darauf gegründet wird, daß die Ware der Gattung nach nicht den vertraglichen Bedingungen entspreche».

Beide Autoren setzen also an die Stelle des Gesetzeswortlauts von einer «anderen als der bedungenen Ware» die Worte von einer «anderen Gattung». Das begegnet erheblichen Bedenken. Das Wort «Gattung» ist keine in ihrem Begriffsinhalt unvorbelastete Vokabel der Umgangssprache. In der wissenschaftlichen Ausprägung der Botanik und Zoologie ist die Gattung der Oberbegriff, welcher die ihr zugeordneten Arten zusammenfaßt. Das ist – bewußt oder unbewußt – in die Denkvorstellungen eines jeden Kaufmannes eingesickert, zumal dann, wenn er sich außerberuflich als Gartenliebhaber, Tierhalter oder Jäger betätigt. Es ist richtig und zu billigen, wenn zumal Haage den Schiedsgerichten eine sehr sorgfältige Prüfung dieser Frage zur Pflicht macht. Diese Prüfung segelt aber unter einer falschen Flagge, wenn sie auf die Frage nach der «Gattung» abgestellt wird. In der Praxis liegt es denn auch so, daß sowohl Haage wie die Schiedsgerichte des Warenvereins sich nicht daran halten, wie je eines der von ihnen gebrachten Beispiele erweisen möge, bei denen eine Aliudlieferung anerkannt wird: Costa-Rica-Kaffee und Santos-Kaffee, Ceylon-Canehl und wilder Canehl gehören derselben Gattung Kaffee bzw. Canehl an. Das ist kein Kampf um Worte. Der Ersatz der «anderen Ware» durch die «andere Gattung» verlagert das Problem, ohne es zu lösen. Dies wird vollends deutlich, wenn man sich vergegenwärtigt, daß die gleichen Rechtsfolgen eintreten sollen, wenn eine andere als die bedungene Menge von Waren geliefert wird. In diesem Falle kann gewiß nicht von einer anderen Gattung die Rede sein.

Vielleicht können auch die weiteren Ausführungen von Grimm («Die Geschäftsbedingungen des Warenvereins», 2. Auflage, § 18 Anm. 6a) als eine in der Praxis vollzogene Korrektur in diesem Sinne verstanden werden.

Für die Beantwortung der Frage, was im tatsächlichen Sinne als ein «Aliud» zu verstehen ist, müssen wir es also bei dem Gesetzestext belassen: «eine andere als die bedungene Ware».

In der Beantwortung der Frage, was unter einem Aliud im Rechtssinne zu verstehen ist, stimmen Haage (a. a. O. S. 118) und Grimm (a. a. O. § 18 Anm. 6a) dahin überein, daß es sich bei einem Aliud nicht um einen Qualitätsmangel handelt, was von dem Kommentar Schlegelberger (3. Auflage von 1956, § 378 Anm. 1) mit eingehenderer Begründung unterstrichen wird. Das ist eine wichtige Feststellung. Einmal wird damit ein Trennstrich zwischen § 377 und § 378 HGB gezogen, was in der Klarstellung nur dadurch überschattet werden konnte, daß im Falle der Fehllieferung die Rügepflicht die gleiche ist wie in § 377. Im Falle einer Fehllieferung sind ferner unter Umständen nach den Geschäftsbedingungen der Warenverbände und der Standardkontrakte die Ansprüche des Käufers nicht die gleichen wie bei einem Qualitätsmangel. Es wäre deshalb sehr wünschenswert, wenn für die Abgrenzung zwischen einem Nicht-Aliud und einem Aliud klare Richtlinien aufgestellt werden könnten. Das ist leider nicht möglich. Es lassen sich nur Behelfsmerkmale nennen.

Die Grenze zwischen einem Qualitätsmangel (§ 377) und dem, was darüber hinausgeht und nicht mehr als Qualitätsmangel (§ 378) bezeichnet werden kann, mag flüssig sein. Es ist aber damit zu rechnen, daß der Sachverstand der im Einzelfall zu der Beantwortung dieser Frage berufenen Kaufleute ein sicheres Urteil entwikkelt. Es darf ferner auf die oben bereits erwähnte Methode der Aufstellung positiver Kataloge Bezug genommen werden. Ein weiteres Merkmal ergibt sich aus der Beantwortung der Frage, was im Rechtssinne unter einer Fehllieferung zu verstehen ist.

Hier ist Haage unergiebig. Er beschränkt sich auf die Mahnung, daß das Schiedsgericht bei der Berufung auf eine Aliudlieferung eine klare Entscheidung treffen muß, ohne sich jedoch mit der Rechtsgrundlage für diese Entscheidung zu befassen. Grimm dagegen (a. a. O. § 18, Anm. 6b) ist eindeutig: «Lieferung eines Aliud aber bedeutet, daß der Verkäufer den Kontrakt überhaupt nicht erfüllt hat.»

Die Erkenntnis, daß es sich bei einem qualitätsmäßig mangelhaft belieferten Kontrakt immer noch um einen erfüllten Kontrakt handelt, während durch eine Fehllieferung der Kontrakt nicht erfüllt wurde, wird dazu beitragen, den Schiedsgerichten die gewiß nicht einfache Entscheidung zu erleichtern.

Und nun die Falschlieferung. Es ist die Frage aufgeworfen worden, ob es für die Praxis einer solchen Regelung bedarf. Für den Warenverein der Hamburger Börse steht diese Frage außerhalb der Diskussion durch die oben bereits erwähnte Klausel der Geschäftsbedingungen, daß auch in diesem Falle unverzüglich untersucht und gerügt werden muß. Diese Klausel ist in den Geschäftsbedingungen anderer maßgeblicher Warenvereine nicht enthalten.

Der Vorzug dieser Generalklausel besteht darin, daß der Versuch im Keime erstickt wird, sich auf die Falschlieferung da zu berufen, wo die Unverzüglichkeit der Untersuchung und Rüge fraglich ist. Häufig genug wird mit dieser Berufung auf die Falschlieferung nur ein Zeitaufschub bezweckt. Im Interesse der Verkehrssicherheit ist es zu begrüßen, wenn diese in der Mehrzahl aller Fälle hoffnungslose Diskussion unterbunden wird. Als Radikallösung erinnert sie aber an die eingangs besprochene Aufhebung des Anspruches auf Schadensersatz wegen Nichterfüllung beim Fehlen zugesicherter Eigenschaften. Es fragt sich, ob nicht für Randfälle die Möglichkeit einer anderen Entscheidung offengehalten werden sollte. Hierfür sprechen folgende Erwägungen:

a) Es handelt sich nicht um einen Qualitätsmangel, sondern um einen nichterfüllten Kontrakt. Damit werden die von Haage (a. a. O. S. 106/107) für den Fall eines Qualitätsmangels entwickelten «Spielregeln» für das Abladegeschäft in Frage gestellt.

b) Wenn von einer Falschlieferung gesprochen werden kann, muß es sich um einen sehr schwerwiegenden Lieferungsverstoß des Verkäufers handeln. Für den Fall, daß Sand statt Zucker geliefert wurde, bedurfte es nicht des Aufwandes einer ausdrücklichen gesetzlichen Regelung. Dafür gibt es andere Rechtsbehelfe. Unter dieser Überschrift lassen sich alle diejenigen Tatbestände sammeln, bei denen das Rechtsempfinden dafür spricht, dem Käufer ein erhöhtes Schutzbedürfnis gegenüber den sonst so nützlichen «Spielregeln» zuzubilligen. Den Streit angefangen hat in diesen Fällen der Verkäufer mit seinem schweren Lieferungsverstoß und nicht der Käufer, der sich dagegen wehrt. In diesem Zusammenhang ist auch an die «gesichtwahrenden» Andienungen zu denken.

c) Die Folgerungen, welche aus der Erkenntnis, daß hier ein nichterfüllter Kontrakt zur Diskussion steht, gezogen werden müssen, werden in dem Kommentar Schlegelberger (a. a. O. § 378, 20) zu Ende gedacht:

> «Der Käufer braucht in diesem Ausnahmefall weder zu untersuchen, noch verhandene Abweichungen der Lieferung zu rügen. Er kann in jedem Fall die von der Bestellung abweichende Lieferung zurückweisen und richtige Vertragserfüllung oder Schadensersatz wegen Nichterfüllung verlangen.»

Offen bleibt in diesem Zitat die Frage, wann der Käufer seinem Verkäufer mitzuteilen hat, daß er die Lieferung zurückweist und entweder richtige Vertragserfüllung oder Schadensersatz wegen Nichterfüllung verlangt. Die Verkehrssicherheit fordert, daß dies nicht in seinem freien Belieben stehen kann. Denn oberstes Ziel der §§ 377/378 HGB bleibt die schleunige Abwicklung der kaufmännischen Lieferverträge. «Unverzüglich» ist der Begriff, welcher der Rüge bei einem Qualitätsmangel zugeordnet ist. Kraft positiver Regelung im Gesetz gilt das gleiche bei einer Fehllieferung, obgleich es sich auch in diesem Falle ebenso wie bei der Falschlieferung um einen nichterfüllten Kontrakt handelt. Zur Hervorhebung des Unterschiedes zwischen einer Fehllieferung und einer Falschlieferung empfiehlt es sich, bei der Berufung auf eine Falschlieferung von einer angemessenen Frist zu sprechen. Das gibt dem Schiedsgericht die erforderliche Ermessensfreiheit, um dem Einzelfall gerecht zu werden. Bei der Vielzahl der Möglichkeiten für den Einzelfall lassen sich hierzu nur die grundsätzlichen Gedanken entwickeln. Die Bedürfnisse und Gepflogenheiten der einzelnen Warenbranchen müssen das letzte Wort sprechen.

d) Die Berücksichtigung der Falschlieferung im Gesetzestext verrät das Verständnis des Gesetzgebers für die Vielfalt der Wirklichkeit. Für die Warenkaufleute besteht keine Veranlassung, sich diese Möglichkeit entgehen zu lassen. Mit der Fehllieferung wird der weitaus größte Sektor der Aliudlieferung erfaßt und damit der Verpflichtung zur unverzüglichen Untersuchung und Rüge unterworfen. Die Falschlieferung gibt es aber auch. Die Gefahr einer unberechtigten Berufung auf eine Falschlieferung kann durch eine klare Erfassung der Grundbegriffe eingeengt werden. Mehr konnte der Gesetzgeber für die Praxis nicht tun.

Zweiter Teil

DIE SICHT DES JURISTEN

Die Ausführungen im ersten Teil sind vornehmlich für die Kaufleute bestimmt und es wurde tunlichst auf juristischen Begleittext verzichtet. Für die Juristen ergibt sich jetzt das Erfordernis des Nachweises, daß die von den Kaufleuten empirisch entwickelte Rechtsgestaltung mit dem HGB und BGB durchaus vereinbar ist.

Die herrschende Rechtsauslegung zu unserem Thema ist historisch bedingt. Sie übersieht die dynamische Entwicklung des Verkehrs seit der Geburtsstunde des BGB. Kennzeichen der heutigen Zeit ist nicht mehr der Handwerker, der – geruhsam an seinem Arbeitstische sitzend – ein Einzelstück fertigt. Kennzeichen der heutigen Zeit ist das Fließband mit seiner Massenfertigung. Die technische Entwicklung macht in unserem Zeitalter der Markenartikel in ständig zunehmenden Umfange auf immer neuen Gebieten den Gattungskauf zur Regel. Der Hausfrau, welche in einem Schaufenster einen Gasherd sieht, der ihr gefällt, den Laden betritt und ihn bestellt, ist es völlig gleichgültig, ob sie mit dem Gasherd aus dem Schaufenster oder mit der Lagernummer 3 oder 6 beliefert wird. Der Autokäufer verschwendet nicht eine Minute bei der Überlegung an den «Gebrauch», seine Sorge gilt dem Liefertermin.

Den Spezieskauf gibt es auch heute noch. Er ist aber nicht mehr wie zur Zeit der Ädilen der allein denkbare Typ des Verkehrs.

Dem römischen Kaufrecht war der Begriff der Gattung nicht bekannt (Kunkel: Römisches Privatrecht S. 227). Von einer Mängelhaftung konnte in ihrer Denkform nur in Verbindung mit einem Spezieskauf gesprochen werden.

Das BGB beruht so unverkennbar auf den Rechtsvorstellungen des Römischen Rechts, daß diese Erinnerungen bei seiner Auslegung nachwirken konnten. Das führte zu der ersten Fehlzündung bei der Auslegung der §§ 360 HGB und 243 BGB.

Der Fehlgriff bei der Auslegung von §§ 360 HGB und 243 BGB

§ 243 BGB findet sich in dem Titel «Verpflichtung zur Leistung». Das ist eine Anordnung, welche ein Mißverständnis über die Rechtsauslegung begünstigen könnte, jedoch keineswegs zwingend herausfordert. Festzustellen ist vielmehr, daß die Verpflichtung zur Leistung der Kaufsache sich bereits aus dem Kaufvertrag ergibt. Eine Sonderregelung für den Gattungskauf wäre überflüssig. Die Rechtsauslegung, daß aus § 243 beim Gattungskauf eine Verpflichtung zum Schadensersatz wegen Nichterfüllung abgeleitet werden kann, wenn die geleistete Sache nicht der Qualitätsumschreibung «mittlere Art und Güte» entspricht, geheimnißt in diesen Paragraphen etwas hinein, was nicht darinsteht. Überdies wäre dieser Anspruch überflüssig. § 480 BGB gewährt beiden Vertragsparteien einen völlig ausreichenden Schutz ihrer Interessen.

§ 360 ist der einzige Paragraph im HGB, der sich mit der Qualität der Ware befaßt. Das verleiht diesem Paragraphen ein Eigengewicht, welches nicht unterbewertet werden sollte. Er sagt eindeutig, wie die Qualität beschaffen sein muß, mit der im Falle eines Gattungskaufes der Verkäufer seiner Leistungspflicht nachzukommen hat. § 243 Abs. 1 BGB sagt dasselbe für den Geltungsbereich dieses Gesetzbuches. Nichts hindert uns daran, daraus den selbständigen Qualitätsbegriff für Gattungswaren zu entnehmen, den die praktische Lebenserfahrung des Warenkaufmannes fordert.

Der Fehlgriff bei der Koppelung der Haftung für «mittlere Art und Güte» mit der Haftung für Fehlerfreiheit

Die zweite Fehlzündung betrifft die so überraschende Koppelung der Haftung für mittlere Art und Güte mit der Haftung für Fehlerfreiheit.

Es ist unbestritten, daß § 459 BGB nur den Spezieskauf betrifft. Über dieses Thema haben die Juristen seit zweitausend Jahren nachgedacht. Mit der Kodifizierung durch das BGB wurde eine Unterbrechung dieser Gedankenarbeit weder beabsichtigt noch herbeigeführt. Die nahezu unübersehbar angewachsene Literatur zu der Mängelhaftung hat das aus dem Römischen Recht entnommene Axiom gemeinsam, daß von Mängelhaftung nur im Zusammenhang mit einem Spezieskauf die Rede sein kann. Es kommt den Autoren nicht in den Sinn zu fragen, ob dies auch anders sein könnte. An dem Beispiel der vertragsmäßig vorausgesetzten Eigenschaften wurde bereits gezeigt, daß dies zu Denklücken führen kann. Es wäre nicht das erste Mal, daß neue Erkenntnisse dadurch gewonnen werden können, daß vermeintliche Selbstverständlichkeiten in Frage gestellt werden.

Wenn § 459 BGB auch für den Gattungskauf gelten soll, muß eine Brücke von § 243 BGB zu § 459 BGB geschlagen werden. Die Tragfähigkeit der von der herrschenden Rechtsauslegung konstruierten Brücke über die Konzentration ist mehr als fragwürdig.

Der Schlüssel zur Lage findet sich im Rätekommentar. Bereits die erste Auflage bringt zu § 243 ein Zitat, welches in die nachfolgenden Auflagen gleichlautend übernommen wird. Es lautet: «Durch die Bestimmung, daß Sachen mittlerer Art und Güte zu liefern sind, ist damit zugleich vorgesehen, was bei der Gattungsschuld zur ‹gehörigen› Erfüllung erforderlich ist, während § 459 für den Spezieskauf eine fehlerfreie Sache vorschreibt.»

Mit aller nur wünschenswerten Deutlichkeit sagen hier die Räte:

a) Gattungskauf und Spezieskauf müssen rechtlich auseinandergehalten werden.

b) Die Gattungsschuld wird durch mittlere Art und Güte erfüllt, die Speziesschuld durch die Lieferung einer fehlerfreien Sache.

§ 243 Abs. 2 lautet: «Hat der Schuldner das zur Leistung einer solchen Sache seinerseits Erforderliche getan, so beschränkt sich das Schuldverhältnis auf diese Sache.» Es gibt Gründe genug dafür, diese Folge der Konzentration ausdrücklich festzuhalten. Es ist aber Willkür, damit eine Folge zu verbünden, welche nicht im Gesetz steht, daß der Verkäufer, der gehörig erfüllt hat, jetzt auch noch für Fehlerfreiheit haften soll.

Abschließend ist auch noch auf den Wortlaut in dem Zitat hinzuweisen «es ist damit zugleich vorgesehen». Darin steckt das Zugeständnis, daß primär etwas anderes vorgesehen sein soll. Der Verfasser hat keine Bedenken hinzuzufügen: nämlich das Anerkenntnis des Begriffs «mittlere Art und Güte» als selbständigen Qualitätsbegriff für den Gattungskauf. Was in aller Welt sollte denn sonst damit gemeint sein?

Zusammenfassend ergibt sich die einfache und klare Gesamtkonzeption, daß die Mängelhaftung für Gattungswaren durch § 480 BGB in Verbindung mit §§ 360 HGB/243 BGB erschöpfend geregelt wird.

Das ist nicht so überraschend, wie es dem in den Denkvorstellungen des Römischen Rechts befangenen Juristen auf den ersten Blick vorkommen mag. In dem Zeitalter des Fließbandes und der Markenartikel gehört die Erkenntnis, daß es sich beim Gattungskauf und Spezieskauf um zwei selbständige Tatbestände des Verkehrs handelt, zu der täglichen Lebenserfahrung eines jeden von uns. Daß diese beiden Tatbestände auch rechtlich auseinandergehalten werden müssen, war bereits den Räten in der ersten Auflage ihres Kommentars selbstverständlich. Die daraus zu ziehenden Folgerungen wurden nur von den Warenkaufleuten aus der Praxis im Umgang mit den Stapelartikeln des internationalen Warenhandels zu Ende gedacht.

Der Vertragswille der Parteien als maßgebliche Grundlage für die Rechtsgestaltung

Die Hervorhebung des Vertragswillens der Parteien als eine der wesentlichen Grundlagen für die Rechtsgestaltung geht zurück auf eine Forderung, welche bereits von Spengler mit seherischem Blick erkannt wurde. Er schreibt («Der Untergang des Abendlandes» II, S. 97/98):

> Das antike Recht war ein Recht von Körpern, unser Recht ist das von Funktionen. Die Römer schufen eine juristische Statik, unsere Aufgabe ist eine juristische Dynamik. Für uns sind Personen nicht Körper, sondern Ziele, Einheiten der Kraft und des Willens, und Sachen nicht Körper, sondern Ziele, Mittel und Schöpfungen dieser Einheiten. – Eine Umstellung des gesamten Rechtsdenkens nach Analogie der höheren Physik und Mathematik wird zur Forderung der Zukunft.

Die dynamische Entwicklung des Verkehrs konnte um 1900 von den Kompilatoren des BGB so wenig vorausgesehen werden wie von den Vertretern der Physik und Chemie das Atomzeitalter, in welchem wir heute leben. Der bekannte Atomforscher Pascual Jordan schreibt dazu («Der gescheiterte Aufstand», S. 61):

> Um 1900 war die (seit Demokrit vermutete) Existenz der Atome noch so ungesichert, daß bedeutende Vertreter der Physik und Chemie ihre Realität bezweifeln konnten.

Bei der Verzahnung der Geisteswissenschaften untereinander ist es unausbleiblich, daß die veränderten Denkvorstellungen auf dem einen Gebiet auch auf die anderen Gebiete ausstrahlen. Es gibt wohl kaum eine Neugestaltung des Weltbildes, welche auch «dem Mann auf der Straße» so gegenwärtig ist wie die praktischen Ergebnisse der Atomforschung. Das ist nicht nur ein Problem für die Gelehrtenstube des denkfreudigen Juristen. Wie die Ausführungen des ersten Teiles zeigen, ist es zugleich von einer eminenten praktischen Bedeutung. Die Zielsetzung läßt sich vereinfacht so formulieren: was wir brauchen ist ein Recht von Kaufverträgen und nicht vom Kauf. Diese These wird durch die oben gebrachten Ausschnitte aus der englischen Rechtsgestaltung wirkungsvoll unterstützt. Es zeigt sich der Vorteil, daß das englische Recht vom Kauf nicht wie das deutsche aus dem römischen Recht abgeleitet, sondern nur von ihm beeinflußt wurde. Das erleichtert den Weg zu der Form des Rechtsdenkens, welcher auch von der Empirie der deutschen Warenkaufleute als der richtige erkannt wurde.

Dritter Teil

ZUSAMMENFASSUNG

a) Die zugesicherten Eigenschaften sind nach «Zusage» und «Garantie» zu unterteilen. Die Zusage berechtigt nur zu dem Anspruch auf Wandelung oder Minderung. Bei einer Garantie ist der Anspruch auf Schadensersatz wegen Nichterfüllung durch eine Generalklausel unabdingbar.

b) Der Begriff «mittlere Art und Güte» beim Gattungskauf wird durch vertraglich vorausgesetzte Eigenschaften umschrieben. Dies sind keine zugesicherten Eigenschaften im Rechtssinne.

c) Bei dem Gattungskauf und dem Spezieskauf handelt es sich um zwei selbständige Tatbestände des Verkehrs, welche auch rechtlich auseinandergehalten werden müssen.

d) Die Feststellung, ob im Einzelfall ein Gattungskauf oder ein Spezieskauf vorliegt, ist aus dem Vertragswillen der Parteien und nicht aus den mehr oder minder zufälligen Merkmalen des Tatbestandes zu ermitteln.

e) Die Mängelhaftung beim Gattungskauf wird in § 480 BGB in Verbindung mit § 360 HGB/§ 243 BGB erschöpfend geregelt.
Die Mängelhaftung beim Spezieskauf wird in § 459 BGB geregelt. Ihre Übertragung auf den Gattungskauf führt zu untragbaren Ergebnissen.

f) Die Aliudlieferung als Oberbegriff umfaßt Fehllieferung (§ 378 HGB erste Satzhälfte) und Falschlieferung (§ 378 HGB zweite Satzhälfte). In beiden Fällen handelt es sich nicht um einen Qualitätsmangel, sondern um einen nichterfüllten Kontrakt.

g) Die Unverzüglichkeit der Untersuchung und Rüge bei einem

Qualitätsmangel gilt kraft positiver Regelung im Gesetz auch bei einer Fehllieferung. Beruft sich der Käufer auf eine Falschlieferung, so fordert die Verkehrssicherheit, daß er die Lieferung innerhalb einer angemessenen Frist zurückweist und dem Verkäufer mitteilt, ob er richtige Vertragserfüllung oder Schadensersatz wegen Nichterfüllung verlangt.

h) Im Zeitalter des Fließbandes und der Markenartikel verwischt sich die Grenze zwischen Handelsrecht und Privatrecht zusehends.

i) Das englische Recht vom Kauf wurde nicht wie das deutsche aus dem römischen Recht abgeleitet, sondern nur von ihm beeinflußt. Das ergibt eine von der unsrigen verschiedene Form des Rechtsdenkens, welche sich vielleicht zutreffend so kennzeichnen läßt: das englische Recht denkt in Funktionen und nicht in statischen Rechtsakten, es ist ein Recht von Kaufverträgen und nicht vom Kauf.

FSC
www.fsc.org
MIX
Papier | Fördert
gute Waldnutzung
FSC® C083411

Kolibri 360 GmbH
Ferdinand-Jühlke-Straße 7
99095 Erfurt, Deutschland
produktsicherheit@kolibri360.de